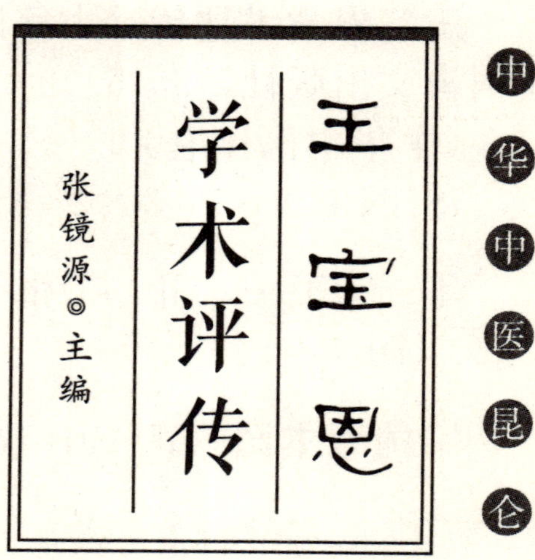

中国盲文出版社

图书在版编目（CIP）数据

王宝恩学术评传（大字版）/ 张镜源主编. —北京：中国盲文出版社，2015.12
（中华中医昆仑）
ISBN 978-7-5002-6856-7

Ⅰ. ①王… Ⅱ. ①张… Ⅲ. ①王宝恩—评传 Ⅳ. ①K826.2

中国版本图书馆 CIP 数据核字（2015）第 317025 号

王宝恩学术评传

主　　编：张镜源
责任编辑：亢　淼
出版发行：中国盲文出版社
社　　址：北京市西城区太平街甲 6 号
邮政编码：100050
印　　刷：北京华联印刷有限公司
经　　销：新华书店
开　　本：700×1000　1/16
字　　数：42 千字
印　　张：6.25
版　　次：2015 年 12 月第 1 版　2015 年 12 月第 1 次印刷
书　　号：ISBN 978-7-5002-6856-7/K·461
定　　价：12.00 元
销售服务热线：（010）83190297　83190289　83190292

丛书编委会

前 言

中医药是中华民族的伟大创造，是世界医学宝库中的夺目瑰宝，数千年来为中华民族的繁衍昌盛作出了巨大的不可磨灭的贡献，至今仍是中国医药卫生事业不可分割的重要组成部分，在维护民族体魄康健、促进经济社会发展中发挥着不可替代的作用。

中医药学，是中华传统文化和科技文明的结晶，是勤劳聪慧的中华儿女在几千年生产生活实践中，在与疾病作斗争的过程中，创造的独具特色的医学科学体系。它有着浓郁的民族特色、深厚的文化底蕴和丰富的哲学内涵。经过一代又一代中医药传人、一辈又一辈名医大

家的实践探索、薪火传承、总结完善、创新发展，逐步形成了系统的理论体系、独特的诊疗方法、丰富的医学内容、实用的制药技术。具有疗效确切、用药安全、应诊灵活、普适简廉和预防保健作用显著的巨大优势，在世界医学之林独树一帜，为人类的文明进步与医疗保健事业，已经并正在作出积极的贡献。

为了弘扬中华民族传统文化，彰显中医药学家的丰功伟绩，当代中医药发展研究中心与中国文学艺术界联合会、国家中医药管理局新闻办公室、中华中医药学会、中国中医科学院、北京中医药大学、世界中医药学会联合会等精诚合作，在国家中医药管理局的支持和指导下，为中华近现代百年来贡献卓著、深受敬仰的150位中医药学家，编撰出版了这部大型传记丛书。丛书采用评传体裁，记载他们的生平事迹、医术专长、学术思想、传承教育、医风医

德、养生之道和突出贡献，使这些宝贵的医学成就和精神财富发扬光大，千古流芳。

丛书取名《中华中医昆仑》。昆仑山，被尊为“万山之祖”，柱西北而瞰东南，立中国而凭世界，凌驾乾坤，巍然屹立。以其高峻豪迈、绵延起伏的磅礴气势，寓意中华中医药学历史悠久、博大精深和永不衰竭；以其挺拔雄伟、高耸入云的恢弘气魄，彪炳一代中医药学家的丰功伟绩、杰出贡献和不朽勋业。

丛书入选传主，从全国范围推荐遴选，遍及中医药界各个领域。有临床家、理论家、药学家、教育家、医史文献学家；有名师亲授、世医家教、学派传人、院校毕业和自学成才者；有师徒并驾、父子齐名和伉俪联袂者。他们学术造诣深厚、诊疗技术精湛、临床经验丰富、学科地位崇高、科研成果丰硕、医风医德高尚、国内外影响较大，从医学理论到临床实践，为

中医药事业的传承和发展作出了突出贡献，是近现代百年来中华中医药界的杰出代表。

丛书的出版，对于弘扬中华文化，振兴中医药事业，造就中医药人才，普及中医药知识，具有重要的现实意义和深远的历史意义。这是一项开创性工作，填补了我国为著名中医药学家大规模撰写传记的空白；也是一项抢救性工作，因入选传主已仙逝过半，许多亲历、亲见、亲闻的史料日见散逸，将之收集整理、编撰成书，功垂后世、利国利民；更是一项承前启后的工作，总结传主经验，传承中医药伟业，继往开来，光耀世界医学之林。这部医文结合，富蕴历史性、学术性、文学性和实用性的鸿篇巨制，对医疗、卫生、科研、教育及全球关注中华中医药文化的各界人士，都有重要的参考和阅读价值。

丛书的编撰出版，是一项巨大的中医药文

化建设工程，在策划、撰写、编辑、出版过程中，自始至终得到了国家有关领导、政府部门及社会各界人士的关心和支持。国家中医药管理局高度重视，并组织专家对全书进行终审；数百名专家、学者亲临指导，参与规划；有关省、市、自治区卫生厅、局、中医局（处）给予大力帮助；传主及其亲属、弟子热情支持、密切配合；撰稿人深情满怀、辛勤笔耕；编审专家尽心竭力、精工细琢；关爱中医药事业的企业家热心公益、慷慨资助；全体工作人员不辞辛劳、无私奉献，这一切使丛书得以顺利出版。对此，我们深表谢意。

由于时间紧迫和资料搜集困难，加之水平有限，难免有疏误之处，敬请广大读者批评指正。

中华中医药学，历史悠久，源远流长，发端于远古，奔向于未来。百年对于历史，不过

是短暂的瞬间；百人对于万众，不过是沧海一粟。然本丛书所记载的百年百人，则无疑是波澜壮阔的中医药发展史上辉煌的篇章和光芒闪烁的璀璨星辰。

张镜源

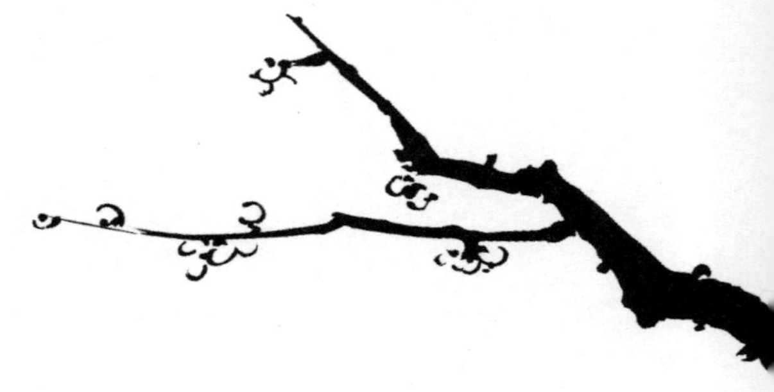

肝炎是我国人民健康的一大害，慢性肝炎发展下去很可能就是肝硬化、肝癌，而我就是要把肝脏纤维化阻断。我就是认准了这个领域，如果失败，我认了；要是有某种程度的成功，不就对病人有利了吗？

——王宝恩

王宝恩，1926年生，河北省昌黎人，著名中西医结合临床家。1948年毕业于北京大学医学院。曾先后担任北京友谊医院内科副主任、主任及北京友谊医院院长、名誉院长和北京友谊医院研究所所长等职务，为首都医科大学教授、硕士研究生导师、博士研究生导师。1980年5月曾受聘为美国约翰·霍普金斯大学医学院客座教授。还曾担任中华医学会名誉理事、中国中西医结合学会常务理事、肝病学会名誉主委、急救医学会副主委及《中华肝脏病杂志》名誉主编，为国际肝病学会、亚太肝病学会、美国肝病学会及美国消化内镜学会会员。

王宝恩是中国破解肝脏病变之谜的大家，中国急救医学领域里研究遏制多脏器功能衰竭的奠基人之一。从事中西医结合研究近 30 年，致力于内科与急救医学的医、教、研工作 50 余年。

在医学上，王宝恩有两项创新性成就：一是运用现代医学及分子生物学研究方法，证明了中药能逆转肝纤维化及早期肝硬化，带领科研小组，经多年的研究和临床实践，发明了抗肝纤维化中药“复方 861 合剂”，使肝纤维化的逆转率在肝硬化前期及早期肝硬化中达到 75％～82％。二是通过 20 余年临床实践，研究感染性多脏器功能衰竭的动态、分期诊断标准和多脏器功能衰竭的主要中医证型、治则和方剂，提高了抢救成功率，使感染并发多脏器功能不全的病死率，从 1985 年以前的 50％下降到 20 世纪 90 年代的 26.9％，其中多脏器功能衰竭病死率按美国标准计为 50.9％，明显低于

国外的 62.5%，达到国际先进水平。此两项研究先后获国家级、部级奖 7 项，市级奖 10 项，局级奖 14 项，共 31 项。

国际肝病学会前会长 Rudi Schmid 教授这样评价王宝恩：王教授及同事用 10 味中药，严格地以现代医学手段，证明可以减轻和部分逆转肝纤维化，是在极端困难的研究领域中的一项突出贡献。

德国柏林自由大学教授 Detlef Schuppan 则认为，王教授等所用的研究方法是国际认可的，研究水平是高的，使国际肝病学界同样感到巨大兴趣。

经过多年攻坚，王宝恩在感染并发多脏器功能不全综合征（MODS）这个急救医学领域的难题上，率先在国内创立了感染性多脏器功能不全综合征的分期诊断标准，1995 年被中华医学会急诊学会和中西医结合学会急救医学会联合召开的多脏器功能衰竭会议采纳，经修改

纳入“1995重修多脏衰诊断标准”。

王宝恩总结出感染性多脏器功能衰竭四个主要中医证型和相应的治则与方剂，研制出中药“复方通腑颗粒”和“912注射液”，从生理、病理生理、细胞和亚细胞水平，从血液动力学、微循环、氧传输、细胞因子、线粒体氧化还原等多层次进行了治疗机理的探讨，在全面应用现代西医学治疗的基础上，辩证地应用中医中药，取得了满意的疗效。

王宝恩学识渊博，治学严谨，学风正派，医德医风高尚，得到了国内外医学界的高度赞誉。他重视青年人才的培养，培养了博士研究生38名，硕士研究生29名。发表论文360余篇，主编学术专著4部。

唐山小子不服输

王宝恩出身书香门第。父亲受聘于英国人办的一所教会学校，时任唐山丰滦中学的校长。母亲是善良的家庭妇女，生有三儿二女。王宝恩排行老大。

王宝恩说自己少年时代“有点小聪明”。他的确是个聪颖早慧的孩子，刚满 4 岁就上学了。在他的记忆里，他的童年谈不上快乐，一个非常深刻的印象，就是全家人跑到地下室躲起来。为什么呢？1931 年 9 月 18 日，日本军国主义发动了蓄谋已久的侵华战争。“九一八”事变后，日军从东北杀进了冀东平原。所以，在那个兵荒马乱的年代，小小的王宝恩耳边经常响

起恐怖而又尖厉的防空警报，全家人立刻放下一切事情，心惊胆战地慌忙往地下室里钻。日本人的飞机飞走了，大街上留下的是遍地残垣瓦砾。

1937 年 7 月 7 日，驻华日军悍然发动“卢沟桥事变”，开始全面侵华，抗日战争爆发。这一年，11 岁的王宝恩考进了父亲所在的唐山丰滦中学读书。虽然只有 11 岁，不甘忍受亡国奴耻辱的王宝恩发誓要刻苦读书。在初中 3 年里，他的学习成绩，数学、英文、国文，从来都是班上的第一名，在他心底里有一种潜意识：“我在这个班上，就得考第一，不考第一是不行的。”

然而，他升入本校高中的入学考试，却只考了第三名。虽然第三名的成绩和第一名只差零点几分，但年少气盛的倔强少年找到了判卷老师，要求查阅考卷，他想老师一定是判错了。一查，数学 100 分，英文 100 分，是国文扣分

了，扣得还不少。因为在那篇作文里，他写了这样一句话："天上飘着微风。""这微风能飘着吗?"老师一字一顿地说，"这显然不对，微风能吹，不能飘。你可以说微风徐来。""哎，老师，可是我有根据啊！'舟遥遥以轻扬，风飘飘而吹衣'。"熟读诗词歌赋的王宝恩脱口而出，"陶渊明的《归去来辞》里就有这么一句。""人家陶渊明写的是风吹得那个衣服，是那个衣服飘飘啊。"老师判定他理解错了。倔强少年回到家里痛哭一场。

性格即命运。王宝恩骨子里那种争强好胜的劲儿在少年时代已经初露端倪，永不服输的性格决定了他奋进一生的命运。

王宝恩是一个典型的"细胳膊细腿大脑门"类型的孩子，别看在体育课、音乐课上他都不能显山露水，但他很爱动脑子，酷爱读书，并且有自己的独立判断。因为生于书香门第，他读书涉猎极其广泛：《论语》、《孟子》、《诗经》、

《左传》、《周易》……只要家里有的古籍，他都如饥似渴地阅读。

山河破碎的切肤之痛，四处弥漫着的极端压抑的空气使年少的王宝恩特别容易被一些古人的爱国诗词所打动，他常常沉迷其中。比如，杜甫的“国破山河在”，文天祥的“山河破碎风飘絮”，李后主的“春花秋月何时了”……常常使他感伤落泪。在这个永不服输的少年的性格中，还有着多愁善感或伤感软弱的一面。

在王宝恩的记忆里，中学时代，有一位名叫黄肃秋的男教师教过他们国文。家在东北的黄老师是一位具有爱国思想的知识分子，他经常在课堂上为同学们朗诵自己的诗作。那种强烈的爱国主义意识，潜移默化地深深影响着王宝恩。至今，他还能背出那些优美而又忧伤的思乡诗句：“串串的铃声驮着梦，旅人的家在白山黑水间……”

“我崇拜鲁迅，崇拜茅盾。那时能得到他们

的书，很喜欢。再有，我喜欢《唐诗三百首》。几乎可以从头背到尾。许多句子现在还可以背下来。那时我喜欢读书。我的业余爱好就是读书，还与爱好相同的同学一起学汉赋、唐诗、宋词。”60 年后，王宝恩这样回忆道。

一脚踏进西医门

说来这真是一个幸运的起点。1942 年，16 岁的王宝恩考入北京大学医学院。

当时，高中毕业的王宝恩同时报考了三所名牌大学的三个名牌专业：一是辅仁大学化学系，二是天津工商学院建筑系，再就是北京大学医学院。结果三所大学都录取了他。

可是，在那个时代，人生的选择往往是被动的。

在王宝恩的父亲看来，在国土沦丧的大背景下，即便你有一种“天下为公”的抱负，也不能从政，除非你当汉奸。所以“不为良相，便为良医”就成了父亲帮王宝恩做出的人生选

择。而且家人也都认为，大夫是个自由职业，不求人，人家反要来求你，维持生计是比较容易的。

如此，王宝恩便走进了北京大学医学院的大门。

走进西医殿堂的王宝恩，一心要攀登西医学的高峰。年轻人的心中，谁没有上九天揽明月、涉深海缚蛟龙的宏大志向！

在这里，西医学界前辈的一言一行都对他的学医与做人产生了非常深刻的影响。

他遇到了言传身教、一丝不苟的恩师钟惠澜教授。他专程拜访过协和医院学术造诣极深、博学多识的刘士豪教授。

他难忘那个纯粹的学者秦光煜。这位教病理课的秦老师，即便是在暑假期间，还在实验室里看显微镜。

在北京大学医学院的 6 年里，王宝恩打下了坚实的西医基础。他的功课门门都名列前茅，

只有一门日语课“不及格”。这是因为他痛恨日本侵略者，对日本教员的奴化教育愤慨之极。

1945年，日本投降后，协和医学院的一些大教授也都来到北大医学院教书，他们都是水平很高的专家。那时候，赫赫有名的北京大学医学院，真正是少长咸集，群贤毕至。这里，有首开我国热带病治疗与研究先河的钟惠澜教授和他的助手翁心植大夫，有最早创建小儿科的诸福棠教授，有在我国首创泌尿外科专业并建立第一个泌尿外科病房的谢元甫教授和年轻讲师吴阶平……而对王宝恩影响最大的，是一个年轻的共产党员——后来成为中国微循环障碍性疾病研究的奠基人之一的祝寿河。

祝寿河是一个业务能力很强、待人很热情的人，谁有困难，他都会实实在在地帮助。一开始，王宝恩并不知道他是地下党员，只是非常佩服他，因为他不是那种夸夸其谈的空头政治家，而是一位出色的小儿科大夫，医术高明，

为人正派。正是在祝寿河的影响下，王宝恩从只相信科学救国转为关心时政，走向进步，将自己的理想与国家的前途命运联系起来。

1947 年，王宝恩毫不犹豫地参加了以青年学生为主体的“五二〇”爱国民主运动。当时，北平各大中学 7000 余人的游行队伍，浩浩荡荡从北大红楼操场集合出发。作为游行队伍中的医疗队成员，王宝恩和同学们担负着救治受伤同学的任务。曾经多愁善感的他此时变得异常勇敢坚强。

1948 年，王宝恩从北京大学医学院毕业，进入北大医院工作。1949 年 10 月，他加入了中国共产党。他的入党介绍人就是祝寿河。

定向起飞中西路

走进北大医院，踌躇满志的王宝恩当然是想一展身手，实现自己“愿为良医”的初衷。但当时干部缺乏，这个年轻人就被选派为北大医院工会秘书长，断断续续，一直干了9年。我国著名的医学家、中国工程院院士吴阶平大夫当时就是王宝恩的“顶头上司”——北大医院的工会主席。王宝恩知道这同样是一个重要的工作，共产党员一定要服从组织的安排。但在他的心底，从未“怠慢”自己挚爱的西医学专业，永不服输的他反而比从前更加倍努力地钻研业务。

1950年，王宝恩、朱维新等十几名骨干被

同时调离原单位，调入北京第三医院。早在1947年，王宝恩和朱维新便相识了，当年他们一起参加给北京郊区什坊院贫民的义诊，一起参加学习，一起工作，从相识到相知，从相知到相爱，1950年11月，英俊帅气的西医大夫王宝恩和年轻美丽的副护士长朱维新，组合成了一个有着浓浓爱意和孜孜不倦求学氛围的小家庭。

人们发现，在医院的宿舍楼里，有一个窗口灯光总是亮到天明，那就是王宝恩的家。在那几年里，王宝恩一个月的工资，除了用于生活必需，他都用来买书。令人惊讶的是，这个负责工会工作的秘书长，白天要进病房，晚上要开会、整理材料，竟然在一年的时间里，完全利用业余时间，读完了一部当时最前沿的《胸前导联心电图》。

1952～1954年，王宝恩任北京苏联红十字医院（今首都医科大学附属北京友谊医院）主

治大夫。

1954～1959 年，王宝恩曾任北京同仁医院内科主治医师、内科副主任。后又调回北京友谊医院。

1965 年，即将进入不惑之年的王宝恩已经是内科主任了。每次查病房，他都会对一些疑难病症作出准确的判断。比他年轻一些的大夫就会问："主任，你怎么什么病都知道呢?"王宝恩回答说，我不觉得我什么都知道。我就是常反思，比如，我自己常常闭目想，今天这个呼吸病人的问题是不是都明白了，如果没明白，我要钻研。明天如果对那个血液病人有不懂的地方，我就到图书馆借书去看去查。所以，不到晚上 12 点以后，我不睡觉。

王宝恩学的是西医，而且是一位比较出色的西医。一个比较出色的西医怎么忽然会对中医感兴趣呢?

那是 1963 年，北京友谊医院妇科来了一位

病人，由于产后腹腔感染，高烧不退。医生给她用了许多抗生素，但她仍然每天有三四十次暗绿色海水样的大便。因为大便这么多，尿就没有了，肾功能就受到损伤，导致病人休克。医生又给了多方面的治疗，病情不但没有好转，反而越来越重，竟至濒于死亡。

刻不容缓！北京友谊医院立刻召开全院大会诊，召集内、外、妇、儿科专家一起讨论救治方案，王宝恩作为内科的副主任也被召去。

“真是没辙了，该用的都用了，怎么办？静脉输液每天输多少啊，都没用！症状越来越厉害，高烧不退，病人不行了！”大家都在忧心忡忡地议论着。

万般无奈之时，王宝恩忽然想起了一位著名的老中医，时任北京中医研究所副所长的郗霈龄老先生。他说：“把郗老请来看看。西医实在没辙了，请中医吧。”大家都同意，开车把郗老接来了。

郗老在了解了情况之后，给病人把了足有5分钟的脉，又看了病人的舌头，然后说："我开3剂药，要是病人吃了这3剂药有效，这病人就有救了。要是3剂药后还这样，那就是你们的事了，你们接着救。"

到第3剂药吃完，病人果然转危为安。大便次数明显减少，尿也有了，体温也下降了，虽然还没有达到正常体温，但人已经清醒了。

"简直太神奇了！在西医束手无策的情况下，中医却让危在旦夕的病人起死回生！"人们啧啧称奇，赞叹不已。这件事对王宝恩震动很大。

1963年秋天，郗霈龄老先生与王宝恩、高寿征、查良镒等西医教授共同创建了中西医结合门诊，每周定期会诊。

郗霈龄虽是一位著名老中医，但他倡导中西医结合，主张"辨证"与"辨病"相结合。

王宝恩、查良镒以敏锐的目光发现中医治

疗学中的精华，他们真心诚意地成为郗老没有经过拜师仪式的学生，从为郗老抄方开始，学习中医，师生之间建立了深厚的感情。就是从那个时候起，虽没有机会脱产系统地学习中医，但王宝恩开始涉猎《温病条辨》、《伤寒论》、《黄帝内经》等中医经典。郗霈龄高超的医术、渊博的学问让他深深折服，他暗下决心："这中医我非学到手不可。"

每当旁观郗老坐诊的时候，王宝恩总是用心琢磨；回到家里，又结合读书仔细推敲总结。渐渐地，他从郗老那里汲取到中医辨证论治的精髓。他反复思索：郗老在诊治中，究竟是如何根据中医学理论对病变机理作出准确解释的。中医诊病是从整体上把握，四诊合参，透过现象看本质。比如，对那位产后腹腔感染由于过量使用抗生素，造成伪膜性肠炎的病人，他发现，郗老用了三条法则：

病人高烧不退，是因为有感染，所以第一

条法则是清热解毒。

第二条法则是养阴清化。郗老一看病人的舌头完全是红的，没有苔，舌质很干，没有唾沫，脱水脱得厉害，这说明是久热伤阴，所以，得给病人补阴生津。

第三条法则是要分利清浊。清者，尿也。浊者，大便也。水分本该从尿走，当时却都从大便走了，所以，得给病人分利。利就是通的意思。水分走尿，大便走肠子。这叫分利清浊。而这种情况，若按西医的方法一味用抗生素，结果就会越用越厉害。但是，病人是腹腔感染，发高烧，要消炎，抗生素也不敢停，于是就诱发了伪膜性肠炎这个副作用。西医对这个副作用就没办法了。

其理既通，法随理出。王宝恩终于悟出了郗老诊治疾病的中医原理及用药方法，领略了辨证论治抓主要矛盾的奥妙。

郗老治疗败血症、肝脓疡、尿毒症、乙型

脑炎等疑难重症的疗效都非常显著，尤其是对一些已被西医“判了死刑”的病人，常常能收到出人意料的奇效。这一切让王宝恩真正认识到：中医药确实是一个“伟大的宝库”。

基层锻炼志更坚

正当年富力强的王宝恩向着以中西医结合提高临床疗效的高峰默默攀登的时候，历史进入到 1966 年。

这期间，他扫过院子，烧过锅炉，推过煤车，给病房送过病号饭……但是，遭到了极不公正待遇的王宝恩，对党的信念，对人生的信念却从未有过一丝一毫的动摇。

1969 年，王宝恩和爱人一同被下放到甘肃省庆阳县。那是个偏远贫穷的地方，因位于甘肃省东部，习称“陇东”，相传是轩辕黄帝活动过的区域，中华民族的发祥地之一。庆阳历代名家辈出，比如，相传古代黄帝问医的岐伯就

曾生活在那里。《资治通鉴》和明清《庆阳府志》、《庆阳县志》均载："岐伯，北地人。"北地即今之庆阳。《庆阳县志·坛庙》载："岐伯庙，在县城南。"

谁料发誓要学好中医的王宝恩在人生的逆境中却来到了"上穷天纪，下极地理，远取诸物，近取诸身，更相问难"的黄帝之师的故乡。苦难对于不屈服命运的有志者是一块磨刀石。说起庆阳，王宝恩总说："那是我的第二故乡，那儿有让我一生受益的许许多多赤脚医生老师。"在他人生的低谷，他还来不及垂头丧气、绝望呻吟，便翻山越岭，跋山涉水，投身到为贫下中农救死扶伤的繁忙工作之中。

甘肃庆阳地区第二人民医院，分散在用土坯垒起的一孔孔窑洞里。王宝恩在这里度过了4年的时光，并出任该院业务院长兼大内科主任。正是在这里，他一边用自己高超的西医医术给基层老百姓治病，一边向当地的老中医学

习望、闻、问、切；他和赤脚医生一起上山采药，踏遍了庆阳的沟沟坎坎，竟认识了上百种的中草药，并学会了一些简单的炮制中药的方法。

艰难困苦，玉汝于成。被下放到缺医少药的穷乡僻壤，在关键时刻却显出王宝恩扎实的医学功底和高超的医术。

有一次，医院外科要给一个病人做胰腺肿瘤手术，手术前请王宝恩去看看。外科大夫说，这个病人上腹部有个肿块，但王宝恩一看，病人整个腹腔鼓得比较厉害。他想摸一摸病人的肿块是大是小，但刚一着手，病人就显出非常难受的样子。于是，他马上让护士给病人测量血压，一量血压非常高，心率也很快。

这可不像是胰腺瘤的症状啊！王宝恩思忖片刻，当机立断：明天的手术取消，继续观察。第二天，在反复观察中他发现，只要一触摸肿块，病人的血压马上又升高了，显然正是这个

肿块往外分泌了一种使血压升高的东西，这当然不是胰腺瘤的问题。当时的庆阳第二人民医院既没有 CT 扫描，也没有 B 超等诊断设备，王宝恩只能靠自己深厚的知识储备和经验来做判断。

那么，病因到底在哪儿呢？经过周密考虑后，王宝恩认为，病人的症状比较典型，只有肾上腺嗜铬细胞瘤，才会有这种现象。嗜铬细胞瘤也叫多发内分泌瘤，起源于肾上腺髓质、交感神经节或腹内其他部位的嗜铬组织，它释放大量的儿茶酚胺，引起阵发性或持续性高血压和代谢紊乱证候群。这种瘤子约占高血压病因的 1%。虽然这是一种比较少见的病症，但王宝恩判断病人所患有 99%的可能为嗜铬细胞瘤，于是让外科医生给病人按切除嗜铬细胞瘤的方案做了手术。果然，这是个长在肾上腺的嗜铬细胞瘤，因为长得巨大，才使患者整个腹腔鼓得很高。从此，医院便有了这样的规定：

外科做手术之前一定要请内科的医生先看看，一定要慎之又慎，对病人绝不能马马虎虎，对病情要反复琢磨研究。

王宝恩在庆阳的时候，第二人民医院曾收治过一位常常昏迷晕倒的老农。让人费解的是，他既没有高血压，也没有心脏病，但干着干着农活就会突然昏迷过去。会诊会上众说纷纭，王宝恩很快作出判断：这只能是胰岛细胞瘤。胰岛细胞瘤也是比较少见的一种病症，多数是良性，少数为恶性。其临床主要表现为低血糖综合征。这种病起病缓慢，少数病症要经过长时间方能确诊，但若长期误诊，便会造成患者永久性脑损害。

如果是在现代化医疗设备完善的大医院，这种功能性胰岛细胞瘤有较典型的CT表现以及具有特征性的临床证候群和实验室检查结果，是不难作出正确诊断的。但在当年的甘肃庆阳，先进设备基本上没有。所以，王宝恩马上让护

士给病人做最原始的 D860（当时常用的一种口服磺脲类降糖药，直接刺激胰岛 β 细胞分泌胰岛素，从而达到降血糖作用）试验。试验结果完全支持了王宝恩的判断，老人正是低血糖昏迷。因为较严重的低血糖常有中枢神经系统缺糖的表现，所以就会发生意识模糊、常常昏迷晕倒等状况。由于对病情判断准确，医院成功地给老人做了胰岛细胞瘤切除手术。事后，当地人无不赞叹：这个从北京来的王大夫的确是一个出色的医生！

又有一次，在医院收治的病人中，王宝恩发现有好几个女孩子都患有结核性脑膜炎。于是他推断，在她们那个村里，很可能有许多结核病人。“我们有责任去看一看，去调查一下，进行防治。”王宝恩的建议得到了当地卫生部门领导的认可。于是，他带着医疗队下农村了。运输工具是当地一种木头做的手推架子车。这种架子车的平衡很难掌握，对推车人臂力的要

求也很高。缺乏力气或没有经验的人，往往一推就栽歪，车就翻了。有过推煤经历的一介书生王宝恩，手握两个车把，稳稳当当地推起了一辆架子车。车上装着一台最低级的、刚拆下来的透视用的200mAX光机和一台柴油发电机。一路上，医疗队队员们手推肩拉，上山下沟，经历千辛万苦，终于来到了那几个女孩子生活的西峰镇的一个大队。

庆阳原本自然资源丰富，不仅盛产粮、油、水果，而且还盛产中药材。但因为干旱缺水，当时的“陇东粮仓”粮食亩产才不过140斤。这个战争年代西北最早的革命根据地——刘志丹创建的陕甘边区苏维埃政府所在地，老百姓的生活竟是北京下放的大夫们想象不出的贫穷。

在大队部的窑洞里，大夫们组装起发电机和X光机，开关绳一拉，柴油发电机嘟嘟嘟响起来，发电了！老乡们排着长队依次作了胸部透视。大夫们发现，这儿的老乡结核病患病率

很高。带队的王宝恩找到了大队书记，着急地说："怪不得你们这儿这么多女孩子得结核性脑膜炎！这么多的结核病人，必须抓紧治啊！"

"咋个治法哩？"大队书记问道。

"现在看，最简单、最便宜、见效快的西药就是异烟肼，也叫雷米封。咱们先用这药治疗吧。"

"你要多少钱哩？"

"这药两分钱 1 片，我给你算一算。咱们先治疗 3 个月，这些病人大概要 200 块钱。"

"大队实在拿不出两百块钱哪，上哪儿去找啊？算了吧！世世代代就这样活下来，没有什么了不起的。"大队书记最终作出放弃治疗的无奈决定。

回到县里后，王宝恩并没有放弃那些患结核病的老乡。他找到当地经验丰富的赤脚医生左荣一和老中医杨继茂等人，一起商讨如何给没钱的老乡救治。他们决定上山采中草药治疗。

40 多年后，在给首都医科大学的大四学生上医德课时，王宝恩回忆起那段采药治病的往事，仍是那么激动：

“像当年神农氏一样采草药。我们采了百部草，百部外用可以灭虱杀虫，内服可以润肺止咳，它具有治疗风寒咳嗽、百日咳、肺结核的功效；还采了可以清热止咳、化痰截疟、能提高免疫机能的黄精……采来以后，我们做简单的加工炮制。黄精必须去毒，我们就烧柴禾，用消毒桶把黄精蒸熟，然后切成片晾干，用旧报纸把配制好的草药包成一小包、一小包，分发给病人。百部草的作用虽然不如西药快，可是，那时我们没有办法，只能用中草药。面对这样贫穷的病人，在那样困难的情况下，你管不管？如果不管，你还有没有医德？你是做什么的呢？你是医生！是医生，面对这种情况，就要做出努力。即便遇见缺医少药无法施治的情况，你也要努力；不一定是尝百草，也要采

百草吧。”

1973 年，王宝恩离开甘肃庆阳回到北京。深入到社会基层的这段经历，使他对自己走中西医结合之路的信念更坚定了。他曾对采访他的记者说：“正是在甘肃期间，我认识到了中国基层的老百姓最需要什么，老百姓需要中医。我的中医完全是自学的，这也是我一辈子的收获。”

抗肝纤维化的先行者

王宝恩在甘肃时，就注意到当地有许多患肝炎的病人。由于那时国内外对肝炎均缺乏有效治疗方法，更由于当地缺医少药，很多肝炎病人得不到及时的救治，发展成更严重的肝纤维化、肝硬化。那时，他就在破旧的窑洞里，在昏暗的煤油灯下，常常琢磨着拟一些中草药的方子，试着为贫苦群众解除肝病的痛苦。

1977 年，医学界迎来了科学的春天。王宝恩也成为北京友谊医院中西医结合研究的领军人物。他不分昼夜，孜孜以求，在不断的临床探索中，创造欲望开始升腾——在他的心中有两座需要奋力攀登的险峰，那是蕴藏丰富并有

着无限风光的峭壁之巅，一个是久攻不下的慢性病——肝脏纤维化，一个是急诊室里常见的、死亡率居高不下的急症——危重症感染。他要用中西医结合的方法指导临床研究，重点方向直指阻断肝脏纤维化和遏制危重症感染。

在20世纪70年代之前，人们普遍认为肝纤维化无药可医，且不可逆转。那么，肝脏病变究竟是怎么一回事？一个好好的人又是怎么患上肝纤维化、肝硬化的呢？我们知道，肝脏就像人体内的一个巨大的“化工厂”。肝脏为什么会发生病变呢？就像植物发生病虫害是因为有其天敌的存在一样，因为肝脏也有自己的许多个“天敌”，比如肝炎病毒。目前科学家发现了甲、乙、丙、丁、戊、庚等六种肝炎病毒。这些病毒侵蚀人的肝脏，使人的肝脏功能受损，引起大量肝细胞坏死，导致肝纤维化，最终肝硬化。肝脏受损的过程大致是急性肝炎→慢性肝炎→肝纤维化→肝硬化→肝癌，这一链条已

被世界医学界认为是各种慢性肝病导致严重后果的共同途径。

那么，这个链条中的哪个环节是关键矛盾？毫无疑问，只有抓住这个关键，才能够使其他一切矛盾迎刃而解。正如世界现代肝病学奠基人、美国的肝病学教授 Hans Popper 所言：谁能阻止或延缓肝纤维化的发生，谁将治愈大多数慢性肝病。和许多国内外肝病研究者的发现与认知相一致，王宝恩较早地把自己的主攻方向确定为阻断肝脏纤维化。因为，这是切断肝病发展整个链条中的关键环节。

然而，要真正阻断肝脏纤维化谈何容易！

在历史记录中，乙肝病人都会出现皮肤发黄、高热、寒战、疲劳、呕吐、食欲减退及腹痛等症状，这已被几个世纪以前的人们所认识。但第二次世界大战之前，医生们还不知道肝炎是由什么病毒引起的。对肝炎病毒的发现和研究至今也不过 30 多年的历史。而到目前为止，

无论是根治乙肝，还是根治肝硬化、脂肪肝，都还是世界医学难题中的难题。

对于肝纤维化，西医和中医持有两种不同的认识。

肝纤维化是现代医学病理形态学概念，中医其实并无“肝纤维化”一词，而以胁痛、胁下结块来描述其临床表现。西医理论认为，“病毒”的持续存在是导致肝纤维化的元凶，所以西医治疗肝纤维化，主要采用一系列抗病毒的措施。

而从中医的角度看，“疫毒”深伏是其主要病机。中医学认为，慢性肝炎、肝纤维化的病因是“疫毒”侵入人体，湿热留恋不去，出现气滞血瘀和气血不足等症状。因而在治疗上，中医注重活血化瘀的同时，根据辨证论治予以清热解毒祛湿、补肝肾益气血之法。

尽管中西医对抗肝纤维化的医理不同，但王宝恩始终认为，无论是中医还是西医，有一

点是可以达成共识的，即肝纤维化的发展是一个动态的过程，如果病毒复制得到有效抑制，肝损伤病变处于静止状态，肝纤维化就可以逆转。

中医和西医治疗慢性乙肝的目标是完全一致的，即长期抑制乙肝病毒的复制，减轻肝细胞炎症及肝纤维化，延缓病情发展，改善慢性乙肝的终末结局（如肝硬化、肝癌的发生），以提高患者的生活质量。

抗肝纤维化治疗一定要兼顾病因和过程干预，因为，抗病毒治疗有效的患者（50%），仍残存炎症坏死，继续激活星状细胞，导致纤维化的进一步发展；而抗病毒无效的患者（50%），将可能由肝纤维化逐渐发展为肝硬化、肝癌；即使病毒低复制，甚至检测不出，纤维化仍在进行。西医治疗肝纤维化的药物，因毒副作用较大，临床应用受到许多限制。因此，王宝恩很早就开始思考：能不能在西药治疗的

基础上加用中药治疗？能不能找到一组既抗肝纤维化又无副作用的中药呢？他坚信，中药一定能够在逆转肝纤维化上发挥作用。他曾对采访他的记者说："我可以算个抗纤维化的先行者吧，因为早在庆阳的时候，我就给一些患慢性肝炎的病人用中草药来治疗。治疗后，病人说想吃饭，而且体力变好了。我想，他想吃饭、体力变好肯定是慢性肝炎有所好转。于是，我就开始琢磨病人的病情，从一个病人、两个病人开始，坚持观察疗效。当时，我就感觉到中药是可以治疗肝炎的。"

在攻坚肝纤维化的漫长过程中，王宝恩一边在临床中摸索，一边钻研郗霈龄的活血法。同时，他博览群书，博采众家之长。借鉴北京著名中医关幼波的"治肝十法"，研究上海老中医姜春华的"活血化瘀"法，琢磨上海名中医王玉润的"活血化瘀行气通络"的治肝基本法……王宝恩发现：关老说"肝无血养而失

柔”；姜春华讲“肝硬化以血瘀为先”；王玉润说“肝络阻塞血瘀气滞”，看来老中医们治肝有一个共同之处，那就是活血化瘀、益气养血。这就是说，阻断肝纤维化的中药复方，一定要有“活血化瘀、益气养血”的功效。

为什么活血的药里要加补气的药呢？

在对前辈治肝思想兼收并蓄的基础上，王宝恩按中医辨证论治的方法，对阻断肝纤维化的中药复方进行辨析：这副药首先要有活血化瘀的功效，但光是活血化瘀还不行。中医认为，气与血密不可分，既相互对立又相互依存，共同维持人体生理活动。气属阳，主动，主温煦；血属阴，主静，主濡润。这是气与血在属性和生理功能上的区别，但两者都源于脾胃化生的水谷精微和肾中精气，在生成输布（运行）等方面关系密切。故气与血不可须臾相离，乃阴阳互根，自然之理。所以，活血的同时要行气和补气。

“血为气之母，气为血之帅”，这就是中医的辩证法。有血才有气，但有了血，没有气领着遍布全身，也是万万不行的。帅血周行的气是一种动力，它是催动人体生理活动的动力，它是血液可以循环的原动力。人的气血充沛，肝脏才能发挥其正常的功能。王宝恩想，从中药学上说，丹参活血，黄芪补气。中药讲究“君臣佐使”，那么，君药应该是活血化瘀的药，应以丹参为代表，加上些鸡血藤；臣药则是益气的药，应以黄芪为代表，加上理气益气而止血的香附；而佐药应加一些理气健脾、燥湿化痰的陈皮……

为了研制出这种能有效逆转肝脏纤维化的中药复方，王宝恩领导他的科研团队年复一年坚持不懈地探索着。他们做了一批又一批的动物（活体）实验，收集了临床观察的大量病例，一味味地筛选中药，调制配方。这一干就是十余年！动物（活体）实验证明：他们研制的这

种中药复方确实能阻止肝硬化，甚至在某种程度上能逆转早期肝硬化。

1986 年，王宝恩和他的团队终于成功研制了由丹参、黄芪、陈皮、香附、鸡血藤等 10 味中药组成的丹芪和肝冲剂，即现已为广大患者熟知的“861 合剂”。经过 250 万剂药服用、170 余名患者的肝脏穿刺病理检验证实，反映肝硬化前期及肝硬化逆转计分有效率达到 75%～82%！人们看到，服用中药“861 合剂”后，一方面肝脏的胶原（纤维组织的主要成分）生成在基因转录水平上受到抑制；另一方面，起降解胶原作用的胶原酶则因中药而活性提高，合成增多。胶原酶多了，就能降解更多的胶原，于是，肝硬化就可逐步逆转。

王宝恩用中医中药逆转慢性肝炎肝纤维化和早期肝硬化，取得了突破性的进展。1989 年，王宝恩和他的团队首次建立和完善了人血白蛋白免疫损伤性大鼠肝纤维化模型，证明

“861 合剂”的功效是多靶位、多层次的，它既可以抑制肝纤维的增生和发展，又可以提高人的免疫能力，还可以促进肝细胞的再生。他和同事用免疫组化及分子生物学方法，阐明了“861 合剂”的治疗机理，打破了西方医学界“肝硬化不能逆转”的观点。这项研究曾 8 次获部、市级阶段性成果奖，1997 年 10 月通过国家卫生部鉴定，认为其水平达到了国内领先、国际先进，1998 年获卫生部、北京市科技进步二等奖，国家科技进步三等奖。

永不服输是王宝恩最大的性格特点。无论是逆境还是顺境，他都不会放弃进取之心，在成功的时候，他更是保持着“宜将剩勇追穷寇”的执著进取精神。

王宝恩并没有沉醉于眼前的成功，紧接着他又马不停蹄地开始了新的而且将是十分漫长的“长征”——他要用世界医学界公认的方法——随机双盲安慰剂对照的方法，论证“861

合剂”对慢性乙型肝炎患者肝纤维化的治疗作用；同时用现代实验医学，进一步证明“861合剂”抗肝纤维化的有效成分及其作用机理。

为什么一定要花大力气去做这项试验和这个证明呢？

20世纪80年代末，王宝恩曾在美国国立卫生研究院（NIH）作关于中药“861合剂”抗纤维化的学术演讲。美国医学界非常钦佩他这一高水平的研究成果，但他们当场提出了两个问题：第一，你的“861合剂”的疗效是不是用随机双盲安慰剂对照方法证明的？第二，你的“861合剂”有效成分是什么？分子式怎么写？

所谓随机对照，就是将病人按随机化的方法分为试验组与对照组，病人谁吃安慰剂，谁吃“861合剂”，这必须由计算机排序，不能人为安排，这样才能保证排除人为的因素。所谓双盲对照，就是病人并不知道自己吃的是什么

药，可能是“861合剂”，也可能是安慰剂，而研究人员也不知道病人吃的是什么药。这样避免来自受试者与研究者的偏倚，从而保持了试验的公正性、客观性、科学性。

从那一刻起，王宝恩就清醒地意识到新的挑战开始了。他认为，尽管“中西医理路不同”，但中医药的研究仅仅停留在临床上，这显然是不够的。中医药是一门科学，是科学就必须、也可以采用现代科学的方法进行研究和加以证明。虽说对“861合剂”曾做过100余例肝脏穿刺病理检验，但严格讲不能说是随机双盲安慰剂对照的方法。所以，他下决心一定要用严格的随机双盲安慰剂对照的方法，来证明“861合剂”疗效的科学性。

挑战面前绝不言败的王宝恩和他率领的团队，从20世纪90年代起，便专心致志地运用随机双盲安慰剂对照的方法，又继续做了100例“861合剂”的病理检验。王宝恩说：“直到

今天还没有任何西药被美国 FDA 批准可以抗肝脏纤维化，而我非要在中药里找一个不可。实验虽已证明了‘861 合剂’对于肝炎四期的纤维化的逆转效果，但对于‘861 合剂’随机双盲安慰剂对照研究，我从来没有停止过。现在，‘861 合剂’抗纤维化的一年效果有了准确的实验证明，四年的效果也快出来了，那么十年的效果如何？我要一直做下去，观察长期药效。另外，‘861 合剂’中 10 味中药哪个作用最大，每味的作用都是什么，有可能的话，我要把有效成分再分析一下。在我有生之年，一定要把这个做出来，不然有愧此生！”

2009 年，这项研究又获北京市科技进步一等奖。

善于兼容并蓄，既不崇洋媚外，人云亦云，也不妄自尊大，自以为是，这是王宝恩的治学原则。他认为，只学西医而不到中医学中寻求宝藏是不行的，而学中医仅停留在把脉、开药

方上也是不够的，必须尽可能多地掌握现代医学理论，且将两者有机地结合起来并付诸实践。因此，直到今天，王宝恩用中西医结合的方法抗肝纤维化的探索仍在继续。他说："西医的长处是它有一系列抗病毒的药，对肝纤维化要针对其病因进行治疗，所以，我要给一定量的抗病毒的西药，然后给抗纤维化的中药。那么，两个并用得到什么结果？现在已经观察到第四年。这是什么意思？我们就是要看，既抗病毒又抗纤维化的效果到底怎么样。结论是两个一块用比单用效果要好。既抗病毒，又抗纤维化，将纤维化抑制了、逆转了，这样比单用中药或单用西药要好。中西医结合就要达到这种效果。所以，中医药抗肝纤维化应该重视联合现代医学的抗病毒治疗，这样可以减少疾病的蔓延，达到更好的治疗效果。当然，效果还没达到100％，那是我以后的研究目标！"

遏制多脏衰的奠基人

中医能治疗重症感染的急症吗？能遏制多脏器功能衰竭吗？这是王宝恩 30 年临床实践、探索攻坚中面临的又一座险峻的高峰。

感染并发多脏器功能不全综合征（MODS）起病急、进展快、病死率高，至今仍是国际危重医学领域中的难题之一。在世界范围内，人们对它的研究已经持续了数十年。

在一般人的常识里，对待急症患者，中医中药只能起到清热解毒、消肿止痛的作用，而且那药力、作用来得慢，怎么能比得上西医的抗生素和呼吸机呢？但是王宝恩和他率领的课题组的探索实践告诉我们，采用中西医结

合的方法抢救多脏器功能衰竭患者，可以显著地提高临床疗效，而且，中医中药有其独特的优势。

正是当年郗霈龄老先生让那些已被西医“判了死刑”的重症感染病人“起死回生”的事实，让王宝恩始终坚信和坚持，走中西医结合这条路，最终一定会到达遏制多脏器衰竭的辉煌顶峰。

现代西医学认为，多系统器官功能衰竭（MSOF）是一种免疫失衡引起的脏器功能衰竭状态。严重创伤和感染是引起多系统器官功能衰竭的基本原因，随之而来的低血容量休克和再灌注损伤更是诱发多脏器功能不全综合征的直接因素。所谓多脏器功能障碍综合征，就是指两个或两个以上的脏器突然发生衰竭。这是在原发病的基础上发生的。原发的致病原因是指严重的感染、创伤、烧伤、大手术、休克、重症胰腺炎、病理产科、心肺复苏后等。当这

些原发病发生以后，有一部分病人就会在 24 小时左右的时间内同时或相继发生两个以上的脏器突然衰竭。

而在中医学里，没有关于多器官功能障碍综合征的相对应病名。脏衰是中医的一种说法。又称为脏竭。一些中医认为，脏竭证为脏腑合病或并病，表现多种证候、多个脏腑精气衰竭之意。

在长达 30 年的临床实践中，王宝恩的尝试是从治疗最常见的高烧不退开始的。西药是通过大量出汗带走热量的，结果病人的体液大量损失，血压下降，甚至休克、死亡。能不能不使病人因脱水而休克，同时减少血液毒素？早在 1974 年，王宝恩就开始运用“下法”即运用具有泻下作用的中药，攻逐体内积滞，通泻大便，以逐邪外出的治疗方法来治疗急性感染及感染性多脏器功能衰竭，并取得了显著临床疗效。

“下法”为什么有利于防治感染性多脏器功能衰竭，能提高抢救成功率，降低病死率呢？王宝恩的“下法”用的又是什么药物呢？他说：就是用通腑泄热的大黄。用50～100g的大黄灌下去后，高烧病人会拉大便，但是，是一小撮一小撮的慢下，而不是稀里哗啦的腹泻，所以病人不会丢失水分，同时病人的体温也降下来了。通过大黄的动物试验，从动物的脑脊液里，发现调节体温升高的细胞因子受到了抑制。原来，大黄作用的部位是在动物的体温调节中枢。

这正是大黄的神奇之处。

正常人吃三五克大黄都得拉肚子，王宝恩给高烧不退的病人用50～100g的大黄，会不会剂量太大呢？王宝恩认为，应该辩证地看问题，病人高烧不退，剂量自然得变，这叫“理法方药”。

辩证地看问题，具体情况具体对待，这正是中医理法方药的精髓。即根据中医学理论对

病变机理作出准确的解释，再针对病变机理确定相应的治则治法；然后根据治则治法选择最恰当的代表方剂或其他治疗措施；并对方剂中药物君、臣、佐、使的配伍及其剂量给出最佳选择。没有病的人如果吃上15g大黄就会哗啦哗啦地腹泻，但是给高烧不退的实热证感染病人灌了大黄，病人既不会休克、腹泻，也不会血压下降，体温还能降下来。

为了攻克重症感染并发多脏器功能衰竭，王宝恩殚精竭虑，恪尽职责。从1985年起，他和他的课题组承担了“感染性多脏器功能衰竭的早期诊断与中西医结合治疗”这一国家“七五”攻关课题。王宝恩及其助手张淑文教授在国内率先提出了多脏衰的分期诊断标准，提出了急性感染并发多脏器功能不全综合征是一个从轻到重的连续的动态发展过程的观点，强调如能早期诊断及早治疗，必有利于提高抢救成功率。

此后，在1985～1992年间，根据中医学的辨证论治，他们对225例患者的证候、舌象、脉象进行分析，总结了感染并发多脏器功能不全综合征/多系统器官功能衰竭患者的主要中医证型及分布情况。他们总结出此类患者有四个主要中医证型：实热证（占100%）、血瘀证（占60.4%）、腑气不通证（占58.2%）及厥脱证（占23.1%）。

王宝恩和他的课题组成员根据不同类型的重症感染患者，研制出相应方剂并给予不同的施治。比如，实热证用清热解毒中药，组方是他们研制的复方蒲公英、虎杖等组成的肺炎Ⅲ号（即现在已上市的热炎宁）；通腑泄热，则应用大黄、玄参等组成的泻热汤；血瘀证采用益气活血化瘀的复方912注射液（由丹参、黄芪等组成的补阳还五汤化裁）；腑气不通证，即临床上并发有麻痹性肠梗阻者，应用通腑攻下、补中降逆的中药促动合剂（由厚朴、黄芪等组

成）；厥脱证系指并有微循环障碍，甚至休克，对其治疗本着回阳救逆、活血化瘀的原则，在西医西药（如升压药）抢救休克的同时，配以应用复方912注射液或生脉散等治疗。

在一篇题为《中西医结合救治感染性MODS/MSOF225例》的学术文章中，王宝恩指出，中医中药治疗多脏器功能不全综合征在多层次、多靶位上起了重要的治疗作用，这无疑也是能不断提高抢救成功率、降低病死率的关键因素之一。

在遏制多脏器功能衰竭的临床探索中，王宝恩对以中西医结合的方法治疗急性肠道功能衰竭有着独到的认识和较深的功力。

2005年，王宝恩及助手张淑文教授历时30年完成的“急性肠衰竭中西医结合诊断及临床疗效研究”，获得了中国中西医结合学会科技进步二等奖。

人体肠道内大约有108种需氧菌和1011种

厌氧菌，是体内最大细菌和内毒素贮藏库。正常情况下，完整的肠黏膜具有屏障功能，能阻止肠腔内致病菌进入血流。当血容量减少 15%时，肠血流量减少 40%。肠缺血时黏膜上皮细胞脱落、坏死和通透性增高，肠腔内细菌大量繁殖。严重感染的病人用抗生素治疗后，细菌溶解释放出大量内毒素。肠蠕动功能障碍、肠黏膜损伤和免疫屏障功能障碍是肠道细菌和内毒素易位的主要因素。

那么，何谓急性肠道功能衰竭？它在多脏器功能衰竭中充当了一个什么样的角色？用医学术语表达就是：肠道不仅是多脏器功能障碍综合征的靶器官，又是损伤的激发器官。对此，王宝恩有过一个生动通俗的解释，他说：急性肠道功能衰竭有三个方面的变化：第一是消化吸收的障碍，发生了营养不够。第二是肠道运动功能减退，肠子越来越不动了。第三是肠道屏障功能受损，屏障挡不住细菌了。因而，在

这三个问题发生的时候，就会产生一个结果——肠道里面细菌过度繁殖。就是说，原来肠道里面有常驻菌对人体生理有益处，现在乱繁殖，这就是病态，菌群失调了。细菌过度繁殖，菌群失调，通过受损肠道的屏障进入到淋巴系统或者是血液循环系统，就使得细菌和内毒素都转换位置，不在肠道待着，而跑到全身去了，这样就会诱发多脏器功能不全或者多脏器功能衰竭。有时候一个病因来了以后，最先出现的是肠道衰竭，接着其他的脏器也衰竭，这样肠道的衰竭成为始动的部位，从肠子开始，多项衰竭一项一项发生。

这就是说，肠功能衰竭的病理过程是促发多脏器功能障碍综合征的主要病理环节。因此重视危重症患者的胃肠功能保护，防治急性肠功能衰竭是防治多脏器功能障碍综合征的重要方面。那么，王宝恩是如何运用中西医结合的方法治疗急性肠道功能衰竭的呢？作为一个特

别强调实事求是的医生，他在临床观察中发现，如果病人重症感染又合并多脏器功能衰竭，西医抗生素的应用有优势，那是中药板蓝根、金银花比不了的，西药抗菌比中药的清热解毒要快。西医在许多方面有它的长处，比方说，呼吸不好，可以切开气管，接上呼吸机，而这些都不是中医的长处。

但是，西医解决不了胃肠功能衰竭问题。有的病人肚子鼓得很大，一动都动不了，细菌在肚子里过度繁殖，然后，细菌和毒素穿过肠壁进入血液，再到全身。对付胃肠功能衰竭这个急症，西医西药的副作用太大。比如，西药加斯清（枸橼酸莫沙比利片）是一种新型的胃肠道促动力药，作用机制和西沙比利相似，是一种良好的全胃肠道促动力药。据国外学者报道，在危重症患者中应用西沙比利后死亡率明显下降，但由于使用后存在 QT 间期延长（QT 间期是指 QRS 波起点和 T 波终点之间的间隔

时间，与心肌细胞的动作电位的除极和复极过程相对应，很多药物都有可能引起 QT 间期延长，QT 间期延长可能会带来不同程度的心律失常)、室性心律失常和尖端扭转型室性心动过速等心脏方面的严重副作用，所以在临床上的使用受到很大的限制。

然而，对付胃肠功能衰竭这个急症，中医中药却有它独到之处。

王宝恩和其课题组成员发表的题为《通腑颗粒治疗 MODS 胃肠功能障碍 140 例》的医学论文中，指出：中药复方通腑颗粒与西药加斯清为对照药物的治疗比较研究表明，通腑颗粒较加斯清能够明显地增加肠鸣音，减少 B 超下肠积气的发生率，并且能够促进肠蠕动。比较研究还表明，通腑颗粒较加斯清可以明显降低患者第七天血浆中内毒素的浓度，提示通腑颗粒能够改善肠黏膜屏障，使肠黏膜通透性下降，降低肠源性内毒素血症的发生，从而防止了肠

源性细菌移位、肠源性脓毒症，进而避免演变为多脏器功能不全综合征。而且，服用中药通腑颗粒没有西药所产生的任何副作用。

中药复方通腑颗粒为什么会具有如此神奇的作用呢？

中药复方通腑颗粒，是王宝恩及助手张淑文经过30年的临床和动物实验组方研究而成。根据“肺与大肠相表里”、“六腑以通为用”及“急下存阴”等中医理论，他们提出以大黄为主，通里攻下的通腑治疗方案，将感染性多脏器功能不全综合征病死率降至28.4%。1995年依据这一成果研制成的通腑颗粒，一方面使用厚朴、大黄、枳实等理气消胀，泄热通腑，另一方面又使用黄芪、白术、当归健脾益气养血，意在祛邪之时顾护正气，祛邪而不伤正气，扶正而不敛邪。其方诸药合用，共奏理气消胀泄热通腑之功效。

在这组合剂中，大黄的作用是可以使胃动

素（MTL）、胆囊收缩素（CCK）及血管活性肠肽（VIP）等胃肠激素分泌增多，而这些激素与胃肠动力有着密切相关的作用。胃肠激素是胃肠动力功能的主要调节因素，胃动素和胃泌素是与人类胃肠功能关系密切的两种重要激素，两者还可以直接作用于胃平滑肌细胞，使胃平滑肌收缩，从而缩短患者腹胀、腹痛的持续时间，减少继发感染并发症的发生。而通腑颗粒对胃肠黏膜损伤也有改善作用，其主要原因也与大黄有关。研究表明，大黄具有提高脓毒血症患者胃肠黏膜内 pH 值的作用，可以缓解胃肠黏膜的缺血缺氧状态，抑制肠道细菌易位，消除自由基等。

通腑颗粒中的枳实可以促进胃排空及小肠推进功能，其作用与血浆胃动素水平升高和提高胆碱能神经的功能有关；厚朴对正常胃肠电活动有兴奋作用，而且可以明显改善内毒素休克时胃肠电的抑制；白术可以促进肠蠕动与胆

碱能神经 M 受体有关，可以促进乙酰胆碱的释放，从而促进肠动力；木香能使胃肠血管扩张，改善胃肠道血液供应，从而有助于协调胃肠运动，木香煎剂还可使血浆胃动素水平升高；黄芪具有补气助阳等功效，具有增强小肠运动和平滑肌紧张度的效应。

根据美国危重病学领域权威专家 Knaus 的说法，在 20 世纪 80 年代以前，国际上多脏器衰竭的死亡率是 62%；如果是 3～5 个脏器衰竭，死亡率则在 80%以上，甚至是 100%。但是，到了 20 世纪 90 年代以后，王宝恩的课题组采用中西医结合治疗方法，把多脏器衰竭的死亡率降到了 28.4%。从 50%以上，降到 28.4%，这的确是一个相当大的幅度，是一个令人欣喜的进展。

1990 年，“中西医结合治疗重症感染合并多系统脏器功能衰竭的临床研究”获国家中医药管理局中医药科技进步二等奖。1999 年，

“急性感染并发多脏器功能不全综合征中西医结合诊断与治疗的研究”获国家中医药管理局中医药科技进步二等奖。

大医精诚永笃行

孙思邈所写的《大医精诚》讲了两个有关医德的问题，被世人传颂至今：第一是精，即要求医者要有精湛的医术，认为医道是“至精至微之事”，习医之人必须“博极医源，精勤不倦”；第二是诚，即要求医者要有高尚的品德修养，要有一颗“见彼苦恼，若己有之”，感同身受的心。“大医精诚”这四个字，王宝恩常常在医德课上讲给学生听，还将其精髓“全心全意，千方百计，争分夺秒，认真过细”化为当代医生的医德理念，在 60 年的临床生涯中身体力行。

那是 1984 年，远在荷兰学习的中国留学生

小伊因患上了慢性溃疡性结肠炎，被送进当地的医院。他由初期的拉肚子、溃疡、肠脓肿发展到便次增加，以血便为主，体温持续高达39℃～41℃之间，竟至肠道大出血不止，病情十分严重。经荷兰医院使用抗生素及大量激素治疗后，病情仍不见改善，荷兰医生的意见是：病因不明，治疗无方，唯一的办法就是做结肠切除手术和永久性人工肠造瘘术。

刚刚 20 岁的小伊不同意也不愿意做这个结肠全部切除的手术，不愿永远都带着人造肛门。为了帮助身在异国他乡的小伊，中国驻荷兰大使馆的同志找到了正在比利时鲁文大学进修的中国医生陈菁华，向他打听国内有没有好的医生和好的治疗方法能帮助小伊。这位中国医生曾是北京友谊医院内科的大夫，他马上打电话给当时的院长王宝恩。

王宝恩得知病人目前只有靠输血才能止住出血（输血也是止血的办法之一，输血时，会

输入许多凝血的因子；但是，基本的病因并未解决），他认为，不做手术的唯一办法就是采用中医药的方法治疗。“可是荷兰没有人懂得中医疗法啊！这可怎么办呢?”从事呼吸疾病研究的陈医生为难地说。

“让小伊回国接受中医的诊治吧！你告诉大使馆的同志，赶紧送回来，我们给他治疗。”一心救病患于水火的王宝恩主动建议道。

然而，对王宝恩的这个建议，荷兰主治医生却不同意，说：“返回中国？那太危险了！病人病情一旦恶化，死在途中，谁来负责？我们不能负这个责任，我们不主张送回去!”当陈医生转述了荷兰主治医生的决定后，王宝恩说：“你请荷兰医生听电话，我来和他说吧。”他用流利的英语镇定地告诉对方：“现在病人唯一的出路就是接受中医治疗，如果用中医，他还有一定程度恢复的可能，否则，你只能切除全部结肠，而这是病人所不能接受的。”但是，荷兰

主治医生仍然反复强调："路上……可能会有危险。是的，因此我们不能做这个决定，我们也不能负这个责任。""这个责任我来负！"王宝恩坚持让患者回国治疗。

作为中国著名的内科学专家，王宝恩并非不晓得个人的成败得失，并非不懂得担当风险的代价，但在他大海般广阔的胸怀里，病人高于一切！他用中西医结合方法诊疗急性肠衰竭病人，已有20年的丰富经验。他要用祖国的中医药治疗留学生小伊，他自信中医药一定能够让病人早日康复。

"既然由你负责，那我们不坚持了……"在胸襟坦荡、从容镇定的中国大夫面前，荷兰主治医生终于同意了。

在中国驻荷兰大使馆的安排下，身体极度虚弱的小伊即将登上回国的飞机。突然，他的病情出现恶化，大量便血，体温达39.6℃，血红蛋白只有75g/L。王宝恩接到越洋电话后，

当机立断对陪同人员说，给病人打着点滴，只要能止血两小时，就立即上飞机。经历了十几个小时长途飞行的小伊被救护车送到北京友谊医院时，已经是午夜 12 点了，而年近六旬的王宝恩院长一直在抢救室门外等候着。

出现在王宝恩面前的小伊，面色苍白，瘦弱不堪，脉搏非常微弱。时间就是生命！王宝恩率领抢救小组连夜制订治疗方案：首先采用西医的方法给病人输血、输液、静脉补充能量，加强营养以恢复体能。与此同时实施中医药治疗，一方面，以解毒化腐的锡类散、促进溃疡愈合的生肌散、清热解毒的青黛散进行灌肠治疗；另一方面，让病人口服改善局部循环的、有活血化瘀作用的中药。

在为小伊治疗的日日夜夜里，王宝恩几乎没有睡过一个安稳觉。他的助手张淑文清楚地记得，当时，每天夜里 12 点以后，身为院长的王宝恩都会从家里打来电话询问病人病情。第

二天他又亲自召集内科抢救小组会诊，根据小伊的病情变化，随时调整治疗方案。在王宝恩的严格要求下，抢救小组的医护人员每天认真为小伊做大便常规检测，及时纠正电解质紊乱……很快，小伊出血不止的现象消失了。两个多月后，当再次为小伊做结肠镜检查时，人们惊喜地发现，小伊的肠子里面，除了个别息肉，光光滑滑，脓血便也全都不见了，小伊已进入平复状态。

没做切除手术的小伊奇迹般地康复了，他如愿以偿地返回荷兰继续学习。在荷兰期间他患的极易复发的慢性溃疡性结肠炎再也没有复发。后来，小伊如愿取得了学位。王宝恩大夫每逢新年都会收到小伊从海外寄来的贺年片。

1994 年的初夏，首都师范大学数学系一年级的学生马某在大兴县军训中因食物中毒发生休克，被送进大兴县人民医院抢救。北京友谊医院急救感染科内科主任医师张淑文被派去协

助抢救。

当时，马某面色灰白，手脚冰凉，血压很低，高压 50mmHg，低压只有 30mmHg。用医学术语说，他患的是感染性休克。经过张淑文等人为其输液纠正酸中毒，并适当用了升压药两小时后，马某血压上升，四肢变暖，知觉恢复了。大家都以为病人病情已经平稳，遂将之转入北京佑安医院（原北京第二传染病医院）。谁知到了半夜，马某突然呼吸窘迫。当时已是凌晨 1 点钟，张淑文接到紧急电话后立刻请教时任名誉院长的王宝恩。面对一个生命垂危、亟待拯救的年轻患者，王宝恩丝毫没有犹豫，立刻与张淑文一同前往北京佑安医院参加会诊。在抢救室里，他们看到马某的呼吸特别快，每分钟约有三十几次（正常人在平静时呼吸次数约为每分钟 12～18 次），呼吸费力，血氧分压只有六十几氧分压，是典型的急性呼吸窘迫综合征（ARDS）。而佑安医院的呼吸机设备又不

敷需要，于是王宝恩等人决定连夜将马某转到北京友谊医院感染科诊治。

整整14天，年近七旬的王宝恩亲自坐镇指挥。在对马某的全力抢救中，每天晚上的全科室会诊，几乎都是他来主持。当时王宝恩决定：对马某的抢救方针仍然采取中西医结合治疗。

抢救小组首先切开病人气管，上呼吸机治疗ARDS，通过调整，慢慢把氧分压提上来。病人肺功能的衰竭经过两三天的工夫被纠正过来。同时以高压氧舱治疗病人的低氧血症。马某的病情刚刚平稳，没想到她又出现了弥散性血管内凝血（DIC），血小板减少到只有正常人的1/5。紧接着，又相继发生了肾功能衰竭、肠功能衰竭、肠道菌群紊乱，成了名副其实的多脏器功能衰竭。按那时的医疗水平，类似三个以上脏器功能衰竭的状况，病人死亡率一般都在80%以上。死亡的阴影再度笼罩了这个19岁的女孩。

在王宝恩的指挥下，感染科内科主任医师张淑文等大夫采取的西医疗法是用肝素抗凝，抗病人的高凝状态，在抗凝的基础上补充一些新鲜凝血因子，每天输入新鲜血浆 400ml，新鲜血液 600ml。连输 3 天，慢慢地使马某恢复过来；接着，针对马某肠道感染出现的问题，再给予大肠杆菌灌肠治疗。

王宝恩以中医辨证观察发现，马某的证型属于血瘀证，于是在西药治疗的同时，针对她的气虚血瘀，给予益气活血的中药“912 注射液”治疗。两周之后，马某度过危险期，转危为安。

2003 年，在抗击“非典”的日子里，北京友谊医院护士刘某参加了抗击“非典”医疗队，在小汤山医院与“非典”患者接触的第三天她就出现症状，6 天后不幸发病。

刘某被转回北京友谊医院后，由王宝恩、张淑文等专家组成的抢救小组，立即投入对她

的抢救。当时病人出现38℃以上的高热、干咳、喘憋，出现急性呼吸窘迫综合征（ARDS），临床观察有肺的损伤，从X线胸片看，一片片白色絮状的阴影从左下肺开始，蔓延到右上肺。同时有比较明显的肠胃功能不全，有低氧血症。

在会诊会上，大家分析讨论，都认为病人高热不退，一般退热药对它无济于事，只有用激素类西药才能快速抑制住高热。“非典”是冠状病毒的一种变型，是一种感染性极强的病毒。感染性疾病必须针对病源菌病毒给以抑制，所以面对来势汹汹的“非典”病毒，当时各大医院都采取大剂量使用激素类西药和抗生素治疗。但到底该用多大剂量的激素类西药呢？身为友谊医院抗击“非典”专家领导小组组长的王宝恩并没有拘泥于当时主流的治疗方法。经验丰富的他知道，比如肾上腺皮质激素是无法用其他药物替代的，它主要的作用就是抵制对免疫系统的破坏，减少致病因子对人体重要器官的

损害。但它同时会引起的副作用是，使感染加剧、医源性库欣综合征、肱骨或股骨头缺血性坏死……又比如，甲泼尼龙，能有效抑制病毒所引致的自体免疫系统过敏反应，从而降低炎症对肺部细胞的损害，并能有效退烧，但过量使用，会引起细菌性脑脓肿、股骨头坏死，后果亦很难收拾。

那么，能不能把激素类西药的剂量降到最低呢？中医药治疗感染的独特功效、退热的优势、较轻微的毒副反应，能不能在增效减毒上有所作为呢？王宝恩方寸不乱且胸有成竹：抗击“非典”病毒应该也可以用中西医结合的方法。根据辨证论治的治则，他制订了中西医结合综合诊治方案，给病人口服中药复方合剂，以抗病毒、抗炎症介质，调节免疫功能，结合使用西医的抗病毒、激素、抗生素、调节免疫功能药物，共同治疗“非典”。

在对刘某早期的治疗中，在输氧器、呼吸

机的配合下，使用了西药甲泼尼龙，剂量从开始的 240mg 降到 120mg，最后只用到 40mg，远远低于当时一些医院 1000mg 的剂量。在西药治疗期间，王宝恩坚持中医的辨证论治，每天叫治疗大夫毕铭华给刘某看舌象。从舌象看，她早期舌苔偏黄，这恰恰说明她有热。两三天后，他们发现患者伸出的舌头有瘀紫、很胖、有齿痕、苔厚、白厚腻苔，这说明她有血瘀、有湿。会诊时，值班护士反映说刘某当时没有肠鸣音，几天没有大便，肚子胀得厉害，明显气短。这更证明了王宝恩的判断。

王宝恩知道西医药是解决不了肚子胀的。在中医看来，“肺与大肠相表里”，肺功能出了问题必然引起肠胃出问题。于是，他同时给刘某清热解毒、祛湿和通腑的中药。当肠胃通畅之后，患者的肺部明显好转，气短也消失了。因为肠胃一通，胸腔与腹腔之间的膈肌下降，肺部呼吸就通畅了。到了后期，刘某的舌象表

现为舌瘀干涩，这说明病人由于早期高热，伤阴且导致气虚。王宝恩和张淑文再次调整药方，给病人祛湿的同时，增加补气养阴的中药。在对刘某的治疗过程中，中医药起到非常重要的作用，不但控制住了病情的变化发展，而且起到了缓解和改善的作用。

2 周后，刘某体温恢复正常；3 周后，病情基本平复。

内科学界常青树

王宝恩从事临床、教学、科研 60 载，攻坚中西医结合 40 年，学术硕果累累，且桃李满天下。但在他的心底总有一种不能释怀的冲动，一个更深远的想法，一个更宏大的抱负——他要为中国肝病学的发展，为造福更多的患者，再尽一份心，出一把力！他的具体设想是：让中医药治疗肝病的成果走向世界，汇入世界医学之林；让中国同行了解学习世界肝病学最新的理论、最新的研究成果。

1994 年 9 月 15 日是中国肝病学界一个重要的日子，由中华医学会组织的首届“世界华人肝病学术会议”在安徽黄山召开，近千位海

内外学者出席了会议。这是中国肝病学界首次在中国举办的大型国际性学术会议，是中国肝病学界与世界肝病学界学术沟通的一次有益尝试。在会上，中国学者向大会介绍了传统的中医药治疗肝病的最新进展和研究成果。

1997年，由中国科协主办的“第一届国际肝炎暨肝病研讨会”盛况空前，国内外800多位专家、学者汇聚北京，交流经验、切磋学问；五位前任国际肝病学会会长到会祝贺并作学术报告，他们中有美国科学院院士、前国际肝病学会会长儒第·施密特、日本千叶大学教授奥田邦雄、澳大利亚的肝病专家拉瑞·鲍威尔、美国的詹姆·博伊尔、美国纤维化专家斯科特·弗里德曼……会议取得了极大的成功。

1999年12月，“第二届国际肝炎暨肝病研讨会”在北京举行。这是由中国科协和相关专业学会联合海内外肝病专家举办的国际肝病界的又一次盛会。这次大会邀请到68位国内外知

名专家在会上作了精彩的学术报告，600余名肝病专家参加了大会。

2001年10月18日，由中国科协主办的“第三届国际肝炎及肝病学研讨会”在杭州举行。来自国内外主要医院、大学和研究机构的800多位专家参加了本次研讨会。

当时的媒体评论：自1997年以来，连续3次在我国举办的系列性国际肝炎和肝病学学术研讨会，已成为国际肝病学界、特别是亚洲地区重要的国际学术活动。

这几次重要的大型国际肝病学术会议，都是由著名的内科学专家王宝恩积极倡议发起的，并且每次都由他担纲大会主席。

肝病学研究涉及医学、预防医学、中西医结合医学、生物医学等多学科领域，关联的学会和部门比较多；肝病控制亦涉及社会保障、立法、教育等诸多领域，是一项巨大的社会系统工程。国际肝炎和肝病学研讨会通过组织跨

学科的综合性大型国际学术交流活动，充分发挥跨行业、跨学科、国际交流的优势，推动了我国肝炎和肝病学研究的发展，必将造福我国数以千万计的肝病患者。

王宝恩的目光并没有仅仅停留在与国际合作的学术舞台前沿，他一直对自己曾经下放过的甘肃庆阳放心不下。2008 年 8 月 14 日，他领导的北京医药科学技术发展协会出资 30 万元人民币设立的“王宝恩庆城医学人才培养基金”项目在庆城县正式启动。基金主要用于该县岐伯中医医院、庆城县人民医院的医学人才培养。

王宝恩是享受国务院政府特殊津贴的终身教授，但此时的他毕竟已是耄耋老人，人们不禁要问，他的精力为何总是这样过人？他的激情何以能够永远燃烧？早已功成名就的他，“不用扬鞭自奋蹄”图的到底是什么呢？

早在 20 世纪 80 年代，王宝恩就被查出患有严重的冠心病，他心脏冠状动脉的三个主要

分支已堵塞了两个半。经组织同意，1989年3月，他登上了去美国做心脏搭桥手术的飞机。临行前，他在自己办公室的小黑板上写下了杜甫的《月夜忆舍弟》中的名句“月是故乡明”，袒露出他对祖国刻骨铭心的依恋不舍之情。王宝恩说，这五个大字他是写给自己的，写完了锁上门，就走了！

在美国，利用手术前的时间，王宝恩忙里偷闲参加了国际肝病学术会议，作了大会演讲；还会见了美国密西根大学医学院的外科主任，落实了为北京友谊医院和美国密西根大学医学院的学术协作签订协议等事宜。3月中旬，王宝恩手术后出院。因为做了开胸手术，他浑身关节疼痛异常，痛苦万状，平躺也不是，侧躺也不行，身体非常衰弱。在亲戚家休养了两个月后，拖着虚弱的身体，气喘吁吁的他又毅然参加了一次在美国华盛顿召开的消化病方面的学术会议。

“月是故乡明”。故乡明月，那是王宝恩真正割舍不下的精神家园！不管走到哪里，身在何方，祖国都会在他的心中。这一点，自认为各方面都优越于别国的美国教授是无法体会和明白的。

1998年5月30日夜里，王宝恩婉拒了美国同行和朋友的挽留，飞回北京。他后来回忆说：“这里是我的祖国，有我的事业，有我中西医研究的课题，有我温暖的家，有我挚爱的亲人，有我的病人，有我的学生……有我生命中最重要的一切一切。中国可爱的地方数不胜数，我为什么不回来？我怎么能不回来！哪儿的月亮都是圆的，但对我来讲，中国的月亮就是比外国的圆。”

现在我们明白了——激情永远燃烧的王宝恩教授不竭的动力来自何方，因为他是一个发自内心的完全彻底的爱国主义者。

人们常以常青树的生机无限，比喻那些青

春永驻、精神不老的学界精英。王宝恩大夫就是中国内科学界一株高高的常青树。由他开创的中医药阻断肝纤维化和中西医结合遏制多脏器功能衰竭两项研究课题已是硕果累累。他的弟子们说，王老的远见卓识就体现在他开创的课题有着巨大的研究空间，你可以不断深入地研究下去，是可持续发展的。时至今日，王宝恩的第四代弟子正在沿着他开创的道路继续延伸着更多的新的子课题的研究。

王宝恩培养的学生、弟子多次走上国内、国际学术讲坛并获奖，其中多人已经成为消化、肝病、感染急救等领域国内外知名的专家和学术带头人。他的弟子们说，总是有人抱怨搞科研太难了，那是因为他们把科研“架空了”。而王老找到了领军科研前沿课题的“源头活水”。他曾对我们说：搞科研不能像在树林子里打鸟，看见一只打一只，打一枪换一个地方，要在学术之林里学会打靶——抓住一个好的课题，认

准靶底，以执著的精神锲而不舍地打下去，这样，这个课题就会越做越深，也可能得做十年二十年，必有收获。科研和临床是相辅相成的。不搞科研，你的临床水平就很难提高，就只能跟在别人后面爬；而脱离实际的科研是无根的，犹如无本之木，无源之水。临床是什么？临床就是疗效，那是检验科研的唯一标准。你如果不付出辛苦，不动脑子，你的临床水平就永远提高不了。

是的，就在这样朴实的话语之中，包含着的却是永恒性的真理。

今天，当年过八旬的王宝恩神采奕奕、风度翩翩地出现在国际学术会议的讲坛上时，人们无不惊讶于他的思维如此敏捷，英文如此流畅，而且侃侃而谈，毫无倦意。而生活中的他淳朴随和，豪爽痛快，谈笑风生中便缩小了与造访者或病人之间的距离。所以，无论长幼，人人都喜欢这个没架子又很幽默的长者。

如果按照中医“人之血气精神者，所以奉生而周于性命者也”的说法，一个人气血充沛才能神清气朗，生机勃勃，那王宝恩就是一个“热血老年”。

你能相信吗？就在2009年，八十有三的王宝恩戴着助听器，仍然在坚持学习英语！在北京华尔街英语班上，他曾是年龄最长的学生，水平早已经是“Mastery”（精通）级的学员。

在王宝恩工作室里，你常常会看到他繁忙的身影。在他的日程表里，每一周都安排得满满当当——他要参加本院的会诊门诊，还要接待来自世界各地的造访者，要出差参加各地的肝病会诊，还经常要应邀去外地讲学……

王宝恩至今每天都要上互联网，接收来自世界各地的邮件，浏览国际肝病学、危重病学最新的学术成果信息，关注国内中西医结合的新课题、新发展。

被学生们亲切地称为“王爷爷”的王宝恩

教授，每一年首都医科大学新生入学的第一课都要由他亲自来上；他还要亲自给自己的博士研究生布置课题，分析审阅他们的论文。

天道酬勤——这或许是王宝恩生命之树常青的奥秘吧！

（撰稿人　聂北茵）

《中华中医昆仑》丛书150位医家名录

（按生年排序）

张锡纯	丁甘仁	萧龙友	王朴诚	恽铁樵
曹炳章	冉雪峰	谢　观	施今墨	汪逢春
孔伯华	黄竹斋	吴佩衡	蒲辅周	陈邦贤
李翰卿	李斯炽	姚国美	陆渊雷	张泽生
时逸人	张梦侬	叶橘泉	王聘贤	陈慎吾
邹云翔	赵炳南	承淡安	余无言	刘惠民
岳美中	沈仲圭	秦伯未	赵锡武	韦文贵
程门雪	黄文东	赵心波	董廷瑶	吴考槃
章次公	石筱山	陆南山	张赞臣	李聪甫
刘绍武	陈存仁	朱仁康	陆瘦燕	姜春华
韩百灵	高仲山	李克绍	王鹏飞	刘春圃
金寿山	哈荔田	何世英	周凤梧	干祖望
关幼波	王为兰	任应秋	罗元恺	祝谌予
杨医亚	郭士魁	何时希	耿鉴庭	俞慎初

裘沛然	顾伯华	江育仁	邓铁涛	门纯德
刘渡舟	尚天裕	朱良春	李玉奇	程士德
尚志钧	赵绍琴	董建华	米伯让	李辅仁
张珍玉	班秀文	颜正华	于己百	颜德馨
路志正	方药中	王乐匋	黄星垣	谢海洲
余桂清	何　任	王子瑜	程莘农	陈彤云
焦树德	张作舟	张　琪	李寿山	张镜人
王绵之	方和谦	印会河	王玉川	蔡小荪
李振华	马继兴	王嘉麟	宋祚民	刘弼臣
王雪苔	刘志明	吴咸中	李今庸	任继学
裴学义	王宝恩	周霭祥	贺普仁	唐由之
赵冠英	许润三	金世元	陆广莘	刘柏龄
徐景藩	吉良晨	吴定寰	沈自尹	王孝涛
张灿玾	周仲瑛	强巴赤列	张代钊	李经纬
郭维淮	柴松岩	苏荣扎布	陈可冀	李济仁
夏桂成	郭子光	巴黑·玉素甫	张学文	陈介甫